L'EMPLOYÉ
DU MOIS

Direction de la publication :
Isabelle Jeuge-Maynart et Ghislaine Stora
Direction éditoriale : **Catherine Delprat**
Responsable d'édition : **Bethsabée Blumel**
Direction artistique : **Emmanuel Chaspoul**
Mise en page : **Les PAOistes**
Couverture : **Véronique Laporte**
Dessin de couverture : **Nathalie Jomard**
Fabrication : **Anne Raynaud**

Illustrations de l'intérieur : **Nathalie Jomard**

ISBN 978-2-03-586745-2

Photogravure IRILYS
Imprimé en Espagne par UNIGRAF S.L.
Dépôt légal : mai 2012
307759/01 - 11016067 - avril 2012

LES MINI LAROUSSE

Les 50 règles d'or de la (sur)vie en entreprise

Jean-Paul Guedj

LAROUSSE

21 rue du Montparnasse 75283 Paris Cedex 06

Sommaire

Le premier produit de l'entreprise

À VENDRE, C'EST **VOUS** !

Survivre dans l'entreprise implique d'être respecté, estimé à sa juste valeur professionnelle, être reconnu par le plus grand nombre.

Bien sûr, d'aucuns peuvent choisir la stratégie de l'autruche : ne rien voir et sa réciproque : ne pas être vu. Vivons heureux, vivons cachés, derrière l'écran d'ordinateur ou derrière le dos d'un collègue. Mais cette vie professionnelle-là présente un avantage et un inconvénient : on peut y réaliser une carrière stable et durable, mais triste et sans éclat.

Les génies méconnus dans l'entreprise sont nombreux, mais ils s'ennuient, et leur génie, en jachère, finit par s'atrophier.

Que vous soyez comptable, DRH, cadre, employé, ouvrier, il faut VOUS vendre pour être acheté par autrui et ne pas attendre que votre mérite soit spontanément détecté par les collègues ou la hiérarchie.

MAIS COMMENT SE VENDRE ?

• Ne soyez donc pas timide ! Ni vaniteux ! Ce serait contre-productif. La modestie fait partie du marketing de soi.

• **Consignez vos résultats** – votre production, vos gains commerciaux – sur un tableur. Tenez ainsi un journal de bord de vos performances que vous ressortirez, mine de rien, le moment venu (entretien d'appréciation, négociation de salaire, etc.).

• Apprenez rapidement **les techniques de prise de parole en public** : vos interventions dans les réunions seront appréciées et vous gagnerez de précieux points à l'audimat de l'entreprise.

• Enfin, **sachez séduire votre auditoire** en ayant à l'esprit ce que racontait un directeur financier à propos de son collègue, directeur de la communication : « C'est affligeant mais au sein du comité de direction, j'ai souvent raison, mais c'est pourtant lui qui est écouté parce qu'il sait autant séduire que je sais compter ! »

Faites valoir vos résultats !

IMPULSEZ DES CAMPAGNES INTENSES SUR... VOUS-MÊME !

En entreprise, on se retrouve souvent en « campagne présidentielle », ou pour être plus modeste, en campagne de promotion de soi (ou pour être encore plus modeste : de ses résultats !). Il faut donc, comme on l'a vu, savoir se vendre (cf. règle précédente).

VOICI DOUZE CONSEILS POUR FAIRE CAMPAGNE

1. **Dites bonjour et au revoir** à tous ceux qui comptent (voir règle 19).

2. **Soignez votre relation avec la hiérarchie.** Charme, talent, mais fermeté aussi...

3. **Sachez donc lui dire non** (il faut aussi vous faire respecter et montrer que vous avez du caractère !).

4. **Faîtes connaître vos résultats** (à votre hié-

rarchie certes, mais aussi aux collègues, aux collaborateurs). Conjuguez avec finesse affirmation de soi et humilité.

5. **Préparez vos interventions orales** (voir règle 32). Développez vos talents de tribun et apprenez à surmonter votre trac...

6. **Ne dormez pas pendant les réunions** ; soyez un participant... participatif ! (voir règle 13).

7. **N'humiliez jamais un collègue** ou un collaborateur devant les autres.

8. **Envoyez des e-mails policés** et sans fautes d'orthographe commençant par « Cher Jacques... Chère Cunégonde... »

9. **Ne transmettez jamais un dossier non terminé à votre hiérarchie** (type dossier en cours ou pire en brouillon avec... dix-huit fautes d'orthographe et quinze approximations).

10. **Participez à des charrettes** auxquelles vous êtes indispensable en vérifiant que le P-DG est bien au courant de vos prouesses (voir règle 15).

11. **Soyez là au bon moment**, serrez les mains, soyez convivial, participez aux rites d'entreprise (voir règle 17).

12. Au-delà des faux-semblants, **accomplissez de vraies réussites**, cela finira par se savoir...

Quantifiez tout !

PRODUCTION, TEMPS, FINANCEMENTS, SATISFACTION DU CLIENT...

L'entreprise mise beaucoup sur la qualité idéale – rêvons un peu ! – mais fonctionne surtout et avant tout par la quantité, tout le monde le sait bien. Du calcul du prix de revient du produit ou du service à celui de son prix de vente et de la marge bénéficiaire, voilà le raisonnement économique basique.

LES TROIS RÉFLEXES INDISPENSABLES.

1. Vous devez vous asseoir sur votre modestie et **afficher sans vergogne vos chiffres.**
2. Vous devez comprendre le **mot ratio** : « rapport souvent exprimé en pourcentage entre deux grandeurs économiques ou financières d'une entreprise, à des fins d'évaluation » *(Petit Larousse)*.
3. Vous devez savoir **manier le tableur Excel.**

Mais de quelle quantité est-il encore question dans l'entreprise : celle du travail fourni (productivité) par exemple, ou encore celle des investissements (et de leur retour sur..., ça sonne mieux in english : *return on investment*).

Pour survivre en entreprise, il faut donc savoir quantifier, TOUT quantifier, car **le chiffre est l'argument décisif** et vaut tous les discours.

VOTRE CHECK-LIST

• **Votre productivité** (nombre de dossiers traités, de courriers envoyés, de voitures assemblées).
• La marge brute que l'on dégage ou **la valeur ajoutée que l'on apporte** (comme, par votre talent, vous rapportez un million de dollars à l'entreprise, vous pouvez prétendre à une augmentation de salaire, non ?)
• **La part de CA** (forcément en augmentation) que l'on vous a confiée (qui est passée en deux ans de 1 à 3, encore bravo !).
• **Votre rang** comparé de producteur parmi les producteurs ou de commercial parmi les commerciaux (2e apporteur d'affaires derrière le P-DG et vous n'avez pas encore son entregent !).

Attention au dress code de l'entreprise

SANS OUBLIER VOTRE « PERSONAL TOUCH » !

Mais comment, comment donc s'habiller ce matin ? Cela dépend des saisons et de l'humeur du jour. Mais aussi de l'entreprise dans laquelle on travaille !

Il y a bien sûr des vêtements obligés pour un certain nombre de métiers mais dans la majorité des cas, chacun s'habille comme il l'entend.

DRESS CODE ET COPIÉ-COLLÉ

Il existe aussi un *dress* code implicite selon l'activité de l'entreprise. Les banquiers, par exemple, porteront un vêtement plutôt classique – le commerce de l'argent n'invite pas vraiment à l'excentricité ! – tandis que les salariés du Net, qui, par définition, ne travaillent pas en relation directe avec la clientèle, pourront se vêtir de manière plus décontractée.

Il y a aussi un mimétisme involontaire – un copié-collé – de l'habit. Les cadres de telle entreprise vont opter pour le costume-cravate ou le tailleur façon Chanel et les uns et les autres vont s'influencer au point que les silhouettes finiront par se ressembler.

Les salariés de telle autre entreprise quant à eux développeront le style chemise sans cravate et le jean sera autorisé le vendredi, à l'instar du dress code « pré-week-end » des entreprises anglo-saxonnes.

MES TROIS CONSEILS

1. Ce n'est pas parce que vous n'êtes pas en relation directe avec la clientèle, qu'il faut que vous **soyez négligé**...
2. **L'élégance est un atout personnel** de plus, plus important qu'on ne le croit, repérable par tous.
3. Votre « personal touch » indique votre singularité. Mais attention singulier ne veut pas dire : « Oyé ! Oyé ! Please, regardez-moi ! ».

Optez pour un comportement

NI « TROP » NI « PAS ASSEZ »

Comme on le sait, le comportement dans l'entreprise est aussi important que le métier qu'on y exerce. « Paraître... » quand tu nous tiens...

Nous sommes en permanence appréciés à l'aune d'une attitude idéale et normative. Quelle est cette norme ? Il faut être ni trop ni pas assez.

Soit : **performant** (mais vous devez être compétent sans écraser les autres) ; **frondeur** (soyez juste un peu décalé, mais pas trop), **passionné** (soyez donc enthousiaste, mais pas hystérique), **disponible** (indisponible = vous êtes peu communicant et/ou mal organisé ; **trop disponible** = vous n'avez pas grand-chose à faire)...

Bref, le comportement du citoyen d'entreprise devrait être un comportement d'équilibre et de mesure excluant tout excès.

Décorez votre bureau

IL VOUS RESSEMBLE

On apprécie de revenir tous les matins dans un bureau que l'on aime bien : calme, accueillant, mais aussi personnel. **Mais méfiez-vous :** vos visiteurs regardent votre bureau comme vous-même.

Il faut donc que le bureau soit présentable : la pièce doit être agréable, aérée, la table de travail plutôt bien rangée que pas, le fauteuil visiteur non bancal. Si l'ensemble fait désordre, on vous assimilera à cet ensemble. S'il est vraiment trop « clean », on dira que vous ne travaillez pas beaucoup !

À côté de l'ordinateur, la photo géante de vos sept enfants ou celle de votre chien qui regarde l'objectif avec intensité ne concernent que vous. Elles doivent donc être tournées vers vous. Inutile que votre vie privée envahisse l'espace de travail. Personnel ne signifie pas intime.

Ayez une démarche dynamique

TRADUISANT UN MORAL D'ENFER !

Votre démarche est scrutée : à votre arrivée, au restaurant d'entreprise, lorsque vous allez voir votre hiérarchie.Voici quelques règles de comportement :

Votre démarche est rêveuse et distraite, un peu errante : elle signale que vous êtes dans l'entreprise tout en étant… ailleurs, dans vos pensées ou déjà dans l'entreprise suivante.

Votre démarche est basse : votre tête penche vers le bas, votre dos est voûté. Vous vous cachez – mais de quoi ? Vous rasez les murs parce que vous vous rasez ?

Votre démarche est molle et lente : éloge de la lenteur ! Attention à la note de productivité : insuffisante.

Votre démarche est dynamique : voici celle qui est attendue. Une démarche décidée. Ça tombe bien, vous êtes un décideur ou au moins un acteur capable… d'initiatives !

Soyez Joyeux et non Grincheux

ÉVITEZ LA MAUVAISE HUMEUR

Le travail c'est la santé et dans l'entreprise, malheur aux malheureux et aussi aux vaincus ! Ou en tout cas, à ceux qui montrent sur leur visage un certain caractère bilieux.

Parmi les sept nains de l'entreprise, c'est plutôt **Joyeux qui a la cote, et non Grincheux**. Évitez donc toute mauvaise humeur qui est d'ailleurs contagieuse, les mots négatifs (« problème », « problème », « problème », trois fois « problème » dans la même phrase), les mines de désabusé, les grimaces, la démarche du condamné à mort quand vous allez à la cantine. Tout se voit, tout se juge.

Vivez donc l'entreprise avec entrain, elle vous le rendra bien, ses élus étant tous de gais et riants bâtisseurs dont l'optimisme est la raison d'être et de... paraître !

Méfiez-vous de votre inconscient !

IL VOUS TRAHIT

Vous pensez tout maîtriser alors que **tout… ou presque vous échappe** !

• Vous croyez, par exemple, que votre cravate est parfaitement en harmonie avec votre chemise alors que les pois de l'une ne collent avec les carreaux de l'autre.

• Vous pensez que votre salut du matin fut une preuve de chaleureuse civilité à l'égard du collègue du bureau d'à côté alors qu'il fut empreint – malgré vous – d'une certaine agressivité.

• Vous vous percevez sobre et silencieux alors que vous émettez des « Aie ! » irrépressibles et sonores au moindre obstacle.

• Et surtout vous ne vous entendez pas pester contre le monde entier comme vous ne vous voyez pas transpirer. Les autres si ! Ils sont les spectateurs de votre comportement inconscient. Ils vous observent, ils vous jugent, ils vous notent. Sans ménagement.

• De la même façon, à chaque entretien avec votre manageuse, cette manière que vous avez d'étendre vos jambes sous la table ronde et de rencontrer les siennes l'irrite au plus haut point autant que vos résultats du mois !

SOYEZ ATTENTIF À VOUS-MÊME

Alors prêtez donc attention à ce qu'il est convenu d'appeler le comportement, le look, la posture, le langage non verbal... Bref, au travail, n'hésitez pas à prendre des nouvelles de vous-même auprès des collègues. Écoutez-les parler de vous.

Quand on vous prodigue une remarque à propos de votre allure (que par ailleurs ce matin devant le miroir vous trouviez parfaite), demandez-vous quand même s'il n'y pas là une part de vérité...

ATTENTION

Seulement 35 à 45 % des informations que nous transmettons passent par nos paroles.

Riez au moins une fois par jour

POUR SURVIVRE, IL FAUT RIRE

L'humour est une distance. Un éclat de rire vaut mieux qu'un coup de sang ou de poing. **Il est conseillé de rire souvent dans l'entreprise pour évacuer le stress et pour reprendre son souffle**. De ce rire qui détend et libère sans agresser. Même si l'on ne peut pas toujours traduire par son comportement une pensée positive, la bonne humeur et le rire demeurent un mode heureux du vivre-ensemble. On doit déconseiller en entreprise cet humour pourtant si décapant par ailleurs, qu'est la moquerie ou l'ironie. Rire au détriment de l'autre ou des autres, c'est cruel et, attention à l'effet boomerang !

Proscrivez aussi le fait de faire rire à ses dépens. Le public qui rit de vous n'arrive plus, au bout d'un moment, à distinguer le personnage (en général ridicule) de la personne réelle et du collègue compétent que vous n'avez cessé d'être !

Soyez au courant

DE L'ACTUALITÉ DU MONDE

L'entreprise est certes un huis clos humain, mais il n'est pas interdit, à l'heure de la mondialisation de l'économie et des nouvelles technologies de l'information, d'être au courant de l'actualité, notamment économique et financière, et d'ouvrir les fenêtres.

Pour ne pas paraître dépassé, surtout dans une réunion export à propos des marchés des pays de l'Est ou chinois, il vaut mieux s'informer.

Trois titres incontournables à feuilleter régulièrement (ceci n'est pas une publicité) : *Les Échos* ou *La Tribune*, ou encore *Le Figaro* pour sa page économique (saumon).

Il n'est pas inutile avant de parcourir ces pages de regarder de près un atlas géopolitique, histoire de « situer » les pays dans tous les sens du terme.

Ayez l'air à la fois occupé...

MAIS AUSSI TRÈS DISPONIBLE !

L'enjeu, c'est de jouer ! Celui qui ne sait pas jouer au sens théâtral du terme : tenir un rôle, adopter un ton (juste) dans une situation donnée, aura sans doute moins de chances de survie en entreprise que celui qui sait jouer (et en jouer).

L'ENTREPRISE EST UNE SCÈNE

Dans l'entreprise, il faut comprendre son rôle, mais aussi celui des autres. Aussi dans votre travail, paraissez très affairé, sinon on n'a pas l'air impliqué.

Donc montrez que vous êtes débordé, même si la posture est un peu affectée. L'air pensif et concentré, les sourcils froncés, on voit bien ainsi que vous n'êtes pas un dilettante.

Ne surjouez pas non plus, vous auriez alors trop l'air de celui qui veut absolument montrer qu'il n'a pas une minute à lui.

Mais il faut être aussi disponible, quand il le faut et surtout avec qui il le faut. Très important la tactique. Ainsi, lorsque votre supérieur hiérarchique vous convoque. Difficile de lui dire non, surtout la troisième fois !

À RETENIR

Le must, c'est de dire alors à son supérieur hiérarchique : « je suis sur un dossier important, mais je vais le lâcher pour venir vous voir ! ». À la fois vous l'informez que vous travaillez et surtout qu'il compte.

Les chefs sont toujours heureux d'être considérés comme une priorité.

Ne ronflez pas en réunion !

14 HEURES, SALLE MAZARIN… !

La réunion commence. Les huit personnes de groupe de travail vont aborder le sujet à l'ordre du jour : « Comment réduire les charges en optimisant les moyens existants ? »

Vous n'avez pas préparé le sujet – ce qui est un tort ! – et l'animateur a une voix à la fois nasillarde et de faible volume. Vous avez englouti au restaurant d'entreprise un couscous-merguez qui n'était pas des meilleurs et commencez à piquer un somme, et, ô surprise (pour autrui), vous « ronflotez » !

L'animateur hausse alors la voix et sermonne en articulant : « j'espère que le sujet intéresse tout le monde ! ». Ça y est ! Il vous a réveillé et vous êtes repéré !

Alors, n'oubliez pas ces deux conseils : avant les réunions de l'après-midi, surtout, déjeunez léger ! Préparez vos réunions que vous les animiez ou que vous y participiez.

Évitez de parler politique

SURTOUT SI VOUS ÊTES SITUÉ À L'EXTRÊME-GAUCHE OU DROITE.

Toute entreprise cherche à clarifier ses valeurs collectives et elles font partie de tout *business plan* bien pensé. Mais la question est plus complexe qu'il n'y paraît, tant les valeurs sont personnelles, voire intimes, et fonder des valeurs collectives n'est pas si simple.

Si je suis à droite, je vais préférer les **valeurs de liberté** associées à celles de l'efficacité ; **si je suis à gauche, celles de justice** et de solidarité.
Comme les entreprises ne recrutent pas a priori à partir de critères politiques, on y retrouve toutes les opinions, même si elles s'avèrent plus marquées dans le bas ou dans le haut de la hiérarchie.

Mais attention la prudence est de mise, évitez de « parler politique », au restaurant d'entreprise notamment, où le débat peut vite devenir houleux.

RÈGLE 15

Ayez toujours quelque chose à dire

SUR TOUT ET SUR RIEN

Montrez de l'enthousiasme. Évitez de prendre l'air ahuri lorsqu'on vous informe d'un sujet relatif à l'entreprise. L'autisme social y est inconvenant et mal accepté. Il faut montrer qu'on est **un acteur de la vie de l'entreprise et non un spectateur désengagé**

Vous êtes censé être au fait de son actualité, de l'éventualité de l'arrivée d'un nouveau patron au projet de fusion avec la société concurrente, du nouveau logiciel de gestion au lancement imminent du produit phare.

Ce qui est anxiogène pour autrui, ce sont les postures silencieuses, inexpressives, indéchiffrables.

CONSEIL

À la question « quoi de neuf, évoquez le dossier sur lequel vous travaillez et qui permet aussi de se « vendre ».

Faites des propositions constructives

CELUI QUI PROPOSE « FAIT » SOUVENT, MAIS PARFOIS « FAIT » SEUL

L'enthousiasme est très apprécié en entreprise. **Donc soyez spontané** (formule paradoxale) !

Un exemple : lors de la réunion de service, ce jour-là, on fait appel à un volontaire pour se charger d'un dossier particulièrement fastidieux. Au diable la paresse ! Il faut bien le faire ! Vous êtes donc volontaire et serez ainsi bien vu et de l'équipe et du chef de service.

Mais attention, vous vous êtes emballé un peu vite et ce travail va empiéter sur vos autres tâches qu'on va vous reprocher... de ne pas avoir accompli dans les délais ! Il faut donc modérer votre enthousiasme et votre générosité en fonction de votre emploi du temps et de l'aide que peuvent vous apporter les autres.

Soyez courageux

DE LA FORCE D'ÂME EN ENTREPRISE

Devenir acteur à part entière d'une « charrette » jusqu'à une heure avancée... Savoir renoncer à des vacances, certes plutôt les courtes... (il ne faut quand même pas exagérer !) demande un certain courage. On vous demande en effet de faire face à des situations complexes, dans des contextes de pression et d'urgence.

CE SOIR-LÀ, IL EST 18 H 30...

Vous vous apprêtez à rentrer chez vous, la conscience en paix. Soudain, votre chef de service, au summum du stress, vous interpelle au moment où vous enfilez votre manteau et que vous rêvez d'un apéritif en famille bien mérité, d'autant que vous êtes à la veille de votre premier jour de vacances d'hiver.

Il vous annonce que le dossier Durand and Co., qui implique la participation de toute l'équipe, doit être terminé avant le lendemain à l'aube, car M. Durand, le P-DG-client, doit prendre l'avion pour

New York avec ce dossier à 7 heures (A.M.). Il faut donc l'envoyer par mail au client de toute urgence.

QUE FAIRE ?

De la crise, vous allez faire une opportunité. **Optez pour un comportement héroïque !**

- **Sans broncher**, vous allez immédiatement retirer votre manteau. Et vous appelez votre conjoint(e) pour lui dire de ne pas vous attendre pour dîner.
- **Vous allez activement participer au travail** collectif jusqu'à la fin (estimé à une heure du matin).
- Vous vous proposez en outre de **différer vos vacances** s'il paraît que votre présence dans les jours qui viennent s'avère indispensable.
- Vous **évitez de rappeler cet épisode** quand vous devez argumenter pour obtenir une augmentation de salaire. Cela serait mesquin !

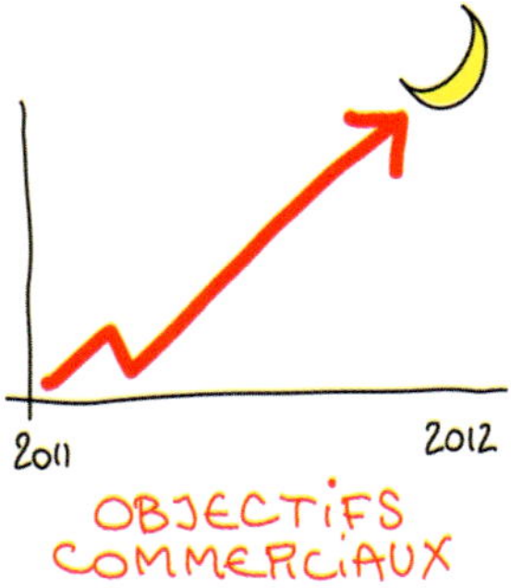

Participez aux rites d'entreprise !

ET CULTIVEZ VOTRE RÉSEAU

L'entreprise se définit comme une unité économique autonome organisée en vue de produire des biens ou des services pour le marché. Voici pour la définition économique, indiscutable.
Mais l'entreprise est bien autre chose : elle est le lieu, par excellence, des échanges, des relations humaines, du « vivre ensemble ». On y travaille : on invente, on fabrique, on vend. Mais on y fête les anniversaires, les départs à la retraite, l'atteinte des objectifs. On y lutte aussi : enjeux de pouvoir, lutte de territoires, conflits.

L'organigramme, censé signifier l'organisation, n'en reflète que la forme officielle. L'organisation réelle est ailleurs : elle est dans les couloirs, dans les alliances officieuses, dans les jeux relationnels, dans les négociations informelles...

QUELQUES CONSEILS POUR TRANSFORMER CES RITES EN CONTRAINTES... UTILES !

- La fête du personnel
- *Degré d'importance :* **
- *Que faire ?* Allez-y, soyez avenant, gai, joyeux, plein d'esprit, hors cadre
- *Dress code :* séduisant, préparé, surprenant

- La galette des rois
- *Degré d'importance :* *
- *Que faire ?* Allez, allez, si vous pouvez y aller, soyez-en !
- *Dress code :* tenue de travail quotidienne avec un petit + de dernière minute...

- La poignée de mains le matin aux collègues
- *Degré d'importance :* ***
- *Que faire ?* Cette poignée matinale (qui doit être ferme) marque votre humeur, signale la qualité de votre relation aux autres, indique votre détermination et votre implication.
- *Dress code :* tenue de travail courante.

- Le rendez-vous du matin à la machine à café
- *Degré d'importance :* **
- *Que faire ?* Moment et lieu idéaux pour les alliances secrètes et pour capter les rumeurs et les scoops...
- *Dress code* : tenue de travail courante.

- Une remise de médailles, mais pas la vôtre
- *Degré d'importance :* **
- *Que faire ?* Si, si, il faut en être...
- *Dress code :* tenue élégante

- La remise des médailles, dont la vôtre
- *Degré d'importance :* ***
- *Que faire ?* Votre présence est ce jour-là irremplaçable !
- *Dress code :* mettez-vous sur votre 31. Vous êtes « LA » star !

- Le pot d'anniversaire d'un collègue
- *Degré d'importance :* **
- *Que faire ?* Il faut en être. Surtout si le collègue est un allié... Vous avez, bien sûr, participé au cadeau...
- *Dress code :* Tenue de travail avec un petit + inattendu

- Le pot d'anniversaire de votre chef de service
- *Degré d'importance :* ***
- *Que faire ?* Incontournable car stratégique. C'est son anniversaire, mais c'est votre carrière...
- Vous devez participer au pot commun...

- Le pot de départ du N+2
- *Degré d'importance :* **
- *Que faire :* très utile : vous allez probablement rencontrer le successeur de celui qui dirige encore votre chef de service. Et, en outre, le cocktail sera de bonne tenue ! Vous allez vous régaler !
- *Dress code :* Look de futur(e) possible promu(e) !

Dites bonjour le matin

VOUS VERREZ, C'EST PAYANT !

Celui que vous ne saluez pas vous en voudra, d'autant que vous en avez salué d'autres (ce pourrait être un aphorisme de Confucius !).

Le code des bonnes manières d'entreprise préconise de dire bonjour aux collègues proches comme au chef de service. C'est aussi de leur dire au revoir, lorsque la journée est terminée.

Lorsqu'on est un dirigeant, il n'est pas inutile de faire le tour des bureaux ou de l'usine, le matin, pour saluer les ouvriers et les employés (ce que les Américains nomment le *wandering* management – management baladeur).

Ces civilités renforcent les liens à l'intérieur des équipes. À force de mimer la bienveillance (telle que la définissait le philosophe Alain à propos de la politesse), elle peut arriver à s'installer entre les êtres humains et participer à la convivialité.

COMMENT FAIRE ?

- Dites « Bonjour », « Au revoir » (mais, SVP, **pas avec une mine consternée**, ou en montrant que vous êtes obligé !).
- **Dites bonjour à tous** en évitant de (trop) marquer vos préférences (ne négligez pas Untel alors que vous avez chaleureusement salué son collègue !).
- **Serrez les mains avec énergie** (cette civilité prouve votre dynamisme et votre implication) !
- **Souriez** mais non pas de manière béate ! Et pas de petit sourire en coin !
- Regardez bien les gens en face lorsque vous leur parlez (le regard de biais désigne un hypocrite) !
- **Marquez votre respect de la hiérarchie** par une discrète allégeance formelle (sans tomber dans le béni-oui-oui ni dans les courbettes pratiquées par les Japonais, dites simplement « bonjour » ou initiez juste un mouvement de tête vers le bas !).

Repérez vite les règles !

POUR MIEUX VOUS INTÉGRER

Dans l'entreprise, il faut donc s'adapter, et s'adapter, c'est suivre **les règles tacites ou officielles** de l'entreprise avec bonne humeur. C'est simple, il suffit, dès son arrivée dans l'entreprise, de les repérer. Elles ouvrent alors beaucoup de portes en permettant une intégration rapide.

Les indications qui suivent vous permettront de discerner les règles de bonne conduite qui semblent en vigueur dans votre entreprise.

SI....

- Le vouvoiement est plutôt la règle.
- On prend rendez-vous avant de se rencontrer même entre collègues de bureaux voisins.
- La porte des bureaux est fermée.
- Il est mal vu d'arriver en retard aux réunions.
- On se met (quasiment) au garde-à-vous devant

la hiérarchie.
• Il est très mal vu de poser des congés la veille de ses... congés !
• On cause beaucoup « stratégie »...
• Le discours ambiant est très axé sur l'efficience.

Attention ! Vous êtes dans une entreprise de style convenu ! Soignez donc les formes !

• Le tutoiement est de mise, même avec la hiérarchie.
• Il y a des bouteilles de soda sur les bureaux.
• La porte des bureaux est ouverte.
• On déjeune volontiers en groupe au restaurant d'entreprise.
• On utilise beaucoup les sigles et un vocabulaire « high-tech » dans la communication courante.
• Le discours ambiant général est plutôt positif, le ton plutôt joyeux.
• On cause beaucoup « innovation ».
• Il est courant d'aller prendre un verre entre collègues après le travail.

Attention ! Vous êtes dans une entreprise de style informel et convivial ! Soignez l'allure « relax » !

Rassurez votre hiérarchie

POUR OBTENIR CE QUE VOUS LUI DEMANDEZ

Dans l'entreprise, vous avez sans cesse à faire avec la hiérarchie : vous avez à lui faire valider un projet qui vous tient à cœur, signer un courrier important, négocier un budget ou des moyens supplémentaires.

La rassurer d'abord est essentiel, pour obtenir ce que vous demandez. Comment faire ?

1. **Soyez affirmatif**. Évitez les tergiversations et ne changez pas d'avis à la moindre objection, cela vous décrédibilise et cela fera… hésiter.

2. **Ne faites pas passer votre stress** : restez calme, rassurant, souriant, courtois.

3. **Présentez les avantages** pour l'entreprise que votre décision commune va forcément générer.

4. **Indiquez de manière précise les résultats escomptés** (dont l'entreprise tirera aussi bénéfice).

Ne réclamez pas de moyens supplémentaires

À TOUT BOUT DE CHAMP !

Ne dites pas en permanence, les larmes aux yeux et la gorge nouée : « je ne peux pas faire, je n'ai pas les moyens ! » Rien de plus agaçant pour votre hiérarchie que la plainte et la négociation (de moyens) permanente !

Bon ! Faites-le une fois et après avoir soigneusement préparé vos arguments et… vos devis. Préparez votre négociation : venez avec le devis précis de l'ordinateur portable que vous souhaitez, et qui plus est, avec une réduction du fournisseur que vous lui avez âprement arrachée.

Vous avez besoin d'une rallonge de budget pour accomplir votre mission : expliquez que la rallonge en question permettra un meilleur résultat pour l'entreprise, et prouvez-le avec des chiffres.

Renégociez votre fonction !

TOUT VARIE, TOUT FLUCTUE

Les fonctions, comme les êtres, sont changeantes. On commence comptable dans une société, et on finit dans le meilleur des cas : manager, ou encore plus compliqué et éloigné : commercial, et dans le pire des cas : archiviste-adjoint (au fond du couloir à droite).

Il faut donc s'adapter à l'entreprise, qui, elle, évolue sans cesse par rapport à ce qu'elle vous promit au moment du recrutement. Mais ça n'est pas « négociable » !

PRENEZ L'INITIATIVE !

- N'hésitez pas à demander auprès de votre responsable hiérarchique ou du DRH (directeur des ressources humaines) un entretien pour revoir votre définition de poste et clarifiez-la avec lui.
- Si votre poste a vraiment changé, (re)négociez votre

statut (classification), les conditions et le salaire.
• N'oubliez pas qu'en cas de changement de fonction, le salarié a son mot dire.
• Mieux encore, c'est la loi (in Code du travail) : il faut qu'il soit d'accord !

QU'EST-CE QU'UNE DÉFINITION DE FONCTION (OU DE POSTE) ?

C'est un document qui vous précise le contenu de votre fonction : **l'intitulé, le descriptif du poste, sa place dans l'organigramme, les moyens mis à disposition**, éventuellement la rémunération et les primes liées au résultat.

Le DRH vous la remettra à votre arrivée dans l'entreprise. Il peut vous la faire signer, ce qui signifie alors que vous êtes d'accord avec le contenu du poste.

À RETENIR

Toute fonction ne tient pas dans le cadre étroit d'une définition théorique du poste. Et celui-ci est forcément destiné à évoluer avec l'entreprise.

Entraînez-vous à négocier votre salaire

UN PETIT JEU DE RÔLE…

Demain, vous avez RDV avec votre boss pour négocier une augmentation de salaire (qui tarde un peu).

ALLEZ, RÉPÉTONS COMME AU THÉÂTRE !

Votre conjoint(e) sera (juste pour un soir !) votre responsable hiérarchique. Après le dîner, les enfants sont couchés, vous vous installez autour de la table ovale de la salle à manger.

Entraînez-vous en testant les arguments présentés ici par ordre décroissant d'efficacité :

1. J'ai envie de progresser, je veux aller de l'avant, je souhaite des responsabilités accrues, donc… (*Votre ton se doit d'être enthousiaste*).

2. J'ai dépassé mes objectifs et/ou je suis allé(e) au-delà de la mission qui m'a été confiée, j'ai trouvé cette année de très nombreusx clients aussi... (*Ton ferme*).

3. **Cela fait trois ans que je n'ai pas été augmenté**. (*Attention : il ne faut pas pleurnicher, cela réduit l'effet !*).

4. Si je ne suis pas augmenté, **je m'en vais !** (*Menaçant, mais ne le dire que si l'on a un plan B*).

À SAVOIR

- L'employeur parle toujours en termes de **salaire brut**, le salarié lui, plutôt en salaire net.
- **Le salaire brut**, c'est le salaire sans les charges sociales qui incombent au salarié et qui sont de l'ordre de 20 % environ. Le salaire net, c'est le salaire brut, moins ces charges.
- Quant à la part de **charges sociales** dues par l'employeur (ou cotisations patronales), elle s'élève environ à 50 % du salaire brut. Soit, pour simplifier : si votre salaire mensuel est de 3 000 euros brut, votre net sera de 2 400 euros (-20%). Et le salaire « chargé » reviendra à l'employeur 4 500 euros par mois (+50%).

Ne signez pas un contrat d'objectifs

QUE VOUS NE POUVEZ PAS ATTEINDRE !

Dans l'enthousiasme du moment, face à une hiérarchie qui, ce jour-là, est particulièrement déterminée, vous risquez de vous faire piéger.

Attention ! Ne signez surtout pas un contrat d'objectifs – peu S.M.A.R.T. (c'est-à-dire aux objectifs peu Simples, Mesurables, Atteignables, Réalistes, fixés dans le Temps) – que vous ne tiendrez jamais. **Il vaut mieux refuser le deal** et négocier des objectifs plus S.M.A.R.T. !

Sinon, vous risquez au final de vous faire licencier pour raison d'insuffisance de résultats ! **Comment faire ?**

1. Négociez vos objectifs en tenant compte de vos possibilités, du délai, du marché...
2. Tout en montrant que vous êtes loyal, impliqué, voire ambitieux. Vous arriverez ainsi à concilier des objectifs irréalistes – et votre désir de réussir !

La tactique « œil pour œil dent pour dent ».

À UTILISER AVEC MESURE

Sachez qu'un « coup de boule » (virtuel) de temps en temps ne fait pas de mal ! S'il faut une bonne **dose de diplomatie pour survivre en entreprise**, il faut aussi savoir **se faire respecter**.

Un collègue a fait circuler une mauvaise rumeur à votre endroit ou vous a glissé une peau de banane sous les pieds, n'hésitez pas à répliquer. Comment ? En l'éliminant de votre chemin mais, vous l'aurez prévenu par une sommation sans ambiguïté.

Vous lui aurez dit, sans excès d'agressivité, mais avec fermeté, votre indignation, mais en essayant aussi, d'aboutir tout de même à un contrat de bon comportement mutuel.

Ou encore, et si nécessaire, vous le dénoncerez à la DRH pour harcèlement moral.

Monter un dossier de harcèlement moral

À BON ESCIENT

Après avoir participé un séminaire de prévention des risques psychosociaux, vous vous rendez compte, au retour au bureau, que votre supérieur hiérarchique vous **harcèle**.

- Il vous a demandé cette semaine sept fois de refaire votre dossier, prétextant, à chaque fois, des erreurs minuscules.
- En outre, il vous convoque régulièrement pour un débriefing de fin de semaine, en général, le vendredi vers 19 heures, à l'heure où vous envisagez le démarrage (mérité) du week-end en famille.
- Désormais les conditions sont réunies, il a hurlé devant vos collègues que vous n'êtes qu'un bon à rien.

Harcèlement répété (vous collectionnez les mails qui le prouvent), atteinte à la dignité devant témoins, vous décidez de contacter votre avocat.

MAIS QU'EST-CE QUE LE HARCÈLEMENT MORAL ?

Le harcèlement moral est un délit puni par la loi. Il peut être commis par un ou des collègues ou par la hiérarchie. Pour qu'il y ait **constat du délit** (voir l'encadré), il faut apporter des preuves (mails, témoignages, certificats médicaux).

Le DRH (quoique du côté de l'employeur), le syndicat, le CHSCT, comme la police (le dossier peut relever aussi du code pénal) peuvent recevoir votre plainte.

CE QUE DIT LE CODE DU TRAVAIL :

« Aucun salarié ne doit subir les agissements répétés de harcèlement moral qui ont pour objet ou pour effet une dégradation des conditions de travail susceptible de porter atteinte à ses droits et à sa dignité, d'altérer sa santé physique et mentale ou de compromettre son avenir professionnel. »

Constituez-vous un réseau d'alliés

SÛRS ET EFFICACES

Toute entreprise ressemble au monde : il y a des territoires (départements, services), des tensions rivales entre les territoires, et une activité diplomatique intensive.

Derrière l'organigramme officiel, il y a des hommes (et des femmes) sur qui on peut compter ou non.

MON CONSEIL

Dès votre arrivée dans l'entreprise, sachez nouer des liens avec ceux ou celles qui vont vous aider à « booster » votre carrière. N'oubliez pas de leur demander leur numéro de portable pour les appeler « au cas où », diplomatiquement, un soir ou le week-end.

Le comptable qui peut accélérer le remboursement de vos notes de frais, la secrétaire du service du personnel qui peut vous faire passer des congés mal placés, l'assistante de direction qui fera votre publicité auprès du premier des décideurs.

UTILISEZ LES RÉSEAUX SOCIAUX !

Les réseaux sociaux : un bon moyen de se faire connaître et de se faire de nouvelles relations. On peut aussi, par ces moyens, faire la révolution ou... trouver un client !

Les principaux ou ceux qui durent : Facebook (plus de 350 millions d'utilisateurs), on accepte (ou pas) des personnes qui veulent devenir ses amis... ses fournisseurs... ou ses clients ! Twitter (plus de 100 millions d'utilisateurs) où les révolutions comme les matches de foot se commentent en direct ou Viadeo, le réseau où l'on affiche son CV ou l'on en déniche pour son service.

Certaines entreprises par l'Ethernet se construisent leur réseau social sur le même principe, mais cela reste à l'intérieur de l'entreprise, juste pour communiquer entre soi.

Tenez-vous en aux faits !

PAS D'AFFECTIF

Il faut savoir distinguer le sentiment du constat froid de la réalité. S'il y a bien une notion dont l'entreprise se méfie, c'est le subjectif, l'affectif, l'humeur... L'état d'âme est suspect de sensiblerie, et surtout il est déplacé, hors sujet.

Le vrai sujet, c'est la performance collective, les résultats, et ce qui permet sans doute d'y arriver, le travail organisé. Tout le reste n'est que littérature... Le langage d'entreprise conjugue l'art de la diplomatie avec l'expression stricte des faits.

NE DITES PAS (SENTIMENT) :

1. Je suis déprimé(e)
2. Je ne vais pas y arriver...
3. Non !
4. Mon collègue en face de moi m'embête...
5. Sa tête ne me revient pas !

6. Je vais te donner un coup de boule...
7. Ça va coûter cher !
8. Il me harcèle !
9. Vous êtes nul !
10. J'en ai ras-le-bol !

DITES (FAIT)

1. Je travaille sur un dossier complexe
2. Il y a des difficultés objectives pour réussir le challenge, qui sont...
3. Je peux le faire sous réserve de...
4. Il serait plus utile, dans l'intérêt du travail de chacun, que nous occupions deux bureaux
5. Je ne suis pas sûr qu'il ait l'esprit d'entreprise...
6. Je pense que là il faut faire arbitrer notre différence de point de vue par la hiérarchie...
7. Ça va certes coûter 10000 euros à l'entreprise mais ça peut en rapporter le double et je vais vous le démontrer
8. Il m'a rappelé hier trois fois à mon domicile et envoyé quinze textos pour me rappeler mes tâches...
9. Il manque à votre dossier tel ou tel élément. Il faudrait l'enrichir en outre d'informations complémentaires...
10. Je souhaiterais réaliser un bilan de compétences...

Évitez toute histoire d'amour

AVEC UN(E) COLLÈGUE

Le mélange des genres présente toujours des risques. On observe cela tous les jours dans l'actualité, lorsqu'il s'agit d'hommes politiques, qui, pour une amourette, ont ruiné leur carrière.

On est séduit par son boss, on est séduit par son assistante, le schéma est classique, mais le passage à l'acte peut conduire à la démission de l'un ou de l'autre, voire des deux.

Comment en effet s'aimer sous le regard des collègues qui finissent toujours par le savoir ? Comme apprécier « objectivement » les résultats d'un collaborateur (trice) qui est aussi son amante (amant) ? Comment sanctionner l'objet de notre extrême bienveillance ?

Alors, deux conseils : ne tentez pas le diable ! Cela dit, si cela arrive, invitez quelques collègues et votre chef de service à la cérémonie de mariage !

Rendez-vous indispensable !

VOICI DEUX RECETTES ET UN JOKER

1re recette : **être expert** (ou « pointu ») dans quelque chose, maîtriser une technique ; exemples : « Office 2011 » (vous êtes le seul à maîtriser le pack), l'orthographe (ils sont tous quasiment analphabètes !), la connaissance d'un produit très compliqué vendu aux clients (même le P-DG ne comprend pas le mode d'emploi !)

2e recette : contrôler les informations liées à un domaine vital de l'entreprise ; exemples : le code extrêmement complexe du coffre qui contient des informations secrètes de la plus haute importance, le fichier personnel, le numéro de portable du plus gros client de la boîte !

Enfin, le joker. Si vous ne possédez pas ces deux atouts, vous pouvez vous rendre indispensable en étant le thérapeute des uns et des autres. Votre empathie sera irremplaçable !

Apprenez à parler en public

UN ATOUT MAÎTRE

Comme dans le film *le Discours d'un roi*, faites comme le monarque anglais et bègue, Georges VI, qui prit un coach pour s'exprimer de manière plus fluide à la radio et en public.

Savoir parler en public – et pour certains métiers avec les médias – participe de votre parcours dans l'entreprise.

QU'EST-CE DONC QUE LE FAMEUX… POWERPOINT ?

Vous allez forcément en consommer : soit comme utilisateur, soit comme spectateur. Il faut donc se former à la chose. **En entreprise, c'est la grande mode** : point d'exposé sans slide PP, point de réunion sans mise en marche du vidéo-projecteur.

Le défaut, c'est de remplir chaque diapositive d'une tonne de chiffres et de sigles barbares jusqu'à la rendre parfaitement indigeste.

Il vaut mieux s'exprimer le plus librement possible, et utiliser les slides PowerPoint comme possibilité d'illustration de ce qu'on dit. Ce n'est pas le PP qui fait la conférence, mais bien vous !

QUELQUES CONSEILS

- Ne vous réfugiez pas derrière votre technicité pour faire « intelligent » ; apprenez surtout à vous exprimer pour être compris.
- Inscrivez-vous le plus rapidement possible à un stage de prise de parole en public. De nombreux organismes de formation le proposent.
- Préparez toutes vos interventions tant sur le fond que sur la forme en répétant votre intervention, comme au théâtre.

Protégez votre vie privée

OSEZ LA SÉPARATION DES GENRES

Les jeunes générations arrivant dans l'entreprise sont assez déterminées quant à la question de la vie privée : il n'est pas question que l'entreprise envahisse la sphère amoureuse, familiale ou des loisirs. Ils le font savoir assez vite et cela peut d'ailleurs choquer les plus anciens.

Les personnels d'antan se mariaient en effet avec leur entreprise et le travail constituait la première des valeurs. Aujourd'hui, on cherche plutôt l'équilibre de vie et la séparation des genres.

On ose partir du bureau pour commencer une deuxième vie, on prévoit ses congés à l'avance, et le week-end est sacré. Cela paraît plutôt sain, si l'attitude ne recouvre pas, en tout cas pour quelques-uns, un manque notoire d'implication.

Pour survivre en entreprise, la vie affective privée n'est pas à négliger, ne serait-ce que pour ne pas la transférer mal à propos chez les collègues, les clients, la hiérarchie, qui n'en demandent pas tant.

Certains célibataires solitaires pratiquent l'affectivité et la relation sentimentale au bureau à défaut de la vivre chez soi.

DEUX CONSEILS

1. **Tentez d'avoir une vie privée compatible avec le travail.** Cela ne nuit pas à ce dernier. Au contraire, ça devrait renforcer l'efficacité professionnelle. Comme dit le proverbe : bien dans sa tête...

2. **Ne soyez pas cependant trop rigide** : on peut avoir besoin de vous un soir alors que vous aviez prévu un dîner de famille... Tant pis ! Ce soir-là vous avez choisi l'entreprise ! Mais, bien sûr, il faut aussi que celle-ci le reconnaisse et n'en abuse pas !

Apprenez l'anglais

LA LANGUE MONDIALE DE L'ENTREPRISE

L'anglais est désormais la langue des communications internationales, la langue du business. On doit tous pouvoir communiquer sans difficulté en anglais avec les clients russes ou japonais, ou encore avec les homologues américains. On doit savoir décrypter un e-mail en anglais, et mieux encore y répondre.

À RETENIR

- *Happy to meet you, my name is Catherine…*
- *My company is leader on this market…*
- *How much is it ?*
- **niveau 2** : *To be or not to be : that is the question ! (Shakespeare* – Hamlet*)*.
- Ou plus dur encore (**niveau 3**) : *I think I put my foot in my mouth (je pense avoir fait une gaffe)*.

Oubliez votre IPhone pro...

LE WEEK-END

Pour survivre en entreprise, il faut faire des ruptures, des coupures, des pauses. Il faut rompre le week-end avec le rythme et la vie intense de la semaine, pour mieux l'entamer le lundi suivant.

Le week-end est ainsi consacré aux loisirs, à la famille, aux amis. Bref, à la vie perso...

La coupure doit être aussi... téléphonique. Éteignez votre IPhone de façon à éviter de recevoir des appels ou des mails pendant tout le week-end, venant des clients ou de votre chef célibataire, addictif au travail, qui, lui, passe toutes ses fins de semaine au bureau.

Rallumez, à la rigueur, votre Iphone le dimanche, après 21 heures, au moment où les enfants sont couchés, pour anticiper les soucis du lundi.

Apprenez le chinois !

POUR EXISTER DANS L'ENTREPRISE, DISTINGUEZ-VOUS

Il faut le faire savoir et il faut également remplir ses poumons de l'air du temps.

Toutes les compagnies ont désormais l'œil rivé sur la Chine, deuxième puissance économique mondiale, derrière les États-Unis. Elle sera sans doute potentiellement la première dans quelques années, avec un marché intérieur d'1 milliard et demi de consommateurs et le jour où, d'aventure, la voiture chinoise, qu'il faudra alors massivement produire, remplacera l'omniprésente bicyclette.

Il est donc de bon ton dans nos entreprises d'apprendre le chinois, plutôt que le grec ancien, encore moins le grec moderne ou l'islandais actuel, dont les économies font indiscutablement moins rêver.

Le must, c'est d'obtenir un financement via la formation continue d'un coach chinois qui viendrait dans votre bureau à l'heure du déjeuner partager quelques nems avec vous et vous initier aux subtilités de la langue de Confucius.

POUR EN SAVOIR UN PEU PLUS SUR L'EMPIRE DU MILIEU

1. Mais qui est Confucius ?

C'est un philosophe chinois (551 - 479 av. J.-C.) abondamment cité par les gourous du management. Auteur de célèbres pensées dont celle-ci : « Si tu rencontres un homme de valeur, cherche à lui ressembler. Si tu rencontres un homme médiocre, cherche ses défauts en toi-même. ». Pas mal, non ?

2. Et qu'est-ce qu'un idéogramme ?

C'est un symbole graphique représentant un mot ou une idée. Les idéogrammes – ou encore sinogrammes – constituent la langue écrite chinoise.

3. Mandarin, vous avez dit mandarin ?

Ce n'est pas seulement le nom du restaurant d'à côté, c'est aussi la langue officielle chinoise.

4. Et comment dit-on en chinois ou en mandarin

- « Je suis Français »

Wō cheu fa-govo-jenn.

- « Ça coûte combien ? »

Zhège duōshao qián ?

Faites du sport !

MARQUEZ UN BUT CONTRE VOTRE CHEF DE SERVICE !

Le sport et l'entreprise ont de nombreux points communs, voire de valeurs, tout le monde en convient : l'équipe, le jeu collectif, la performance, le coaching, les résultats.

C'est sans doute aussi pour cela, par identification autant que par intérêt, que les entreprises sponsorisent le tennis, le foot, le rugby.

S'il est bien risqué de parler politique, le sujet le plus courant évoqué dans l'entreprise, c'est quand même le commentaire devant la machine à café du dernier match de la Ligue des Champions. Ne parlons pas de la coupe du monde ou de Roland Garros, où tous les salariés consacrent pendant la période, au moins mentalement, un mi-temps au travail, et l'autre aux matches retransmis à la télévision.

Le must, c'est quand même d'en pratiquer, voire d'en pratiquer avec des collègues. On peut par exemple faire partie de l'équipe de foot de l'entreprise, et comme attaquant, marquer des buts (pas suffisamment) protégés par son chef de service. On peut aussi aller faire de la gym ou de la natation entre collègues ; rien de mieux que de s'entraîner ensemble pour créer de la convivialité et se faire des ami(e)s.

On peut encore se retrouver « entre soi » avec la hiérarchie de la société, autour d'un parcours de golf, qui va renforcer les liens et les réseaux internes tout en faisant de l'exercice.

MON CONSEIL

L'entreprise, c'est la pression, et donc le stress. Et rien ne vaut comme défouloir ou comme respiration, une bonne activité physique qui va trancher avec la vie cérébrale et l'enfermement au bureau.

Faites-vous coacher !

POUR VOUS AIDER

Choisir un bon coach constitue une bonne idée **pour survivre en entreprise.** D'autant que vous pouvez vous faire financer ce coaching par votre DRH. Mais de quoi s'agit-il ?

POURQUOI UN COACH ?

L'entreprise nous conduit à gérer des situations complexes, qui nous paraissent parfois insurmontables. Comment terminer une tâche ou une mission pour laquelle on détient une compétence relative ; comment supporter un chef autoritaire ; comment manager des collaborateurs récalcitrants ; comment atteindre des objectifs quantitatifs et qualitatifs qui s'opposent ; comment mieux organiser son temps malgré les tempêtes quotidiennes d'e-mails, etc. **Un coach peut vous aider à décrypter ces situations et à trouver les solutions les plus adaptées.**

En outre, à la différence des formations d'entreprises plus standardisées, le coaching permet une relation, personnelle très axée sur la personnalité.

QU'EST-CE QUE LA MÉTHODE DE COACHING ?

Le coaching procède d'un contrat tripartite entre la hiérarchie, le coaché et le coach.

Les trois parties établissent d'un commun accord des perspectives de progrès inscrites dans la dynamique du coaching : mode de management ou communication plus efficaces, de meilleurs résultats, une optimisation de la gestion du temps.

Les séances varient d'une heure à trois heures.

QUEL COACH CHOISIR ?

Il n'appartient pas forcément à une obédience particulière de coaching. Il vaut peut-être mieux le préférer atypique, sans a priori, se méfiant des recettes faciles mais inefficaces, connaissant bien l'entreprise, expérimenté, empathique certes, mais aussi directif quand il le faut.

COMBIEN ÇA COÛTE ?

Le financement peut s'opérer par l'entreprise. **La séance coûte de 250 à 500 euros HT de l'heure** selon l'enjeu du coaching, le poste du coaché et la réputation... du coach.

Utilisez la technique du cri primal

DANS LES PARKINGS EN SOUS-SOL DE L'ENTREPRISE

Il y a des moments dans l'entreprise où l'on n'en peut plus.

Cette journée-là, on a eu l'impression de ne pas avancer, on a été interrompu à plusieurs reprises par un stagiaire ignare qui ne peut pas faire un pas devant l'autre sans vous demander votre avis, et, qui plus est, votre hiérarchie, en fin d'après-midi, vous a remonté les bretelles : vous n'avez pas rendu à temps le dossier crucial pour la survie de l'entreprise.

Avant de rentrer à la maison, plutôt que transmettre votre mauvaise humeur à la famille qui n'y est pour rien, passez par la case sous-sol et **poussez un cri, un cri énorme, un cri libérateur, court et intense**, hors des autres.

Puis respirez un bon coup. Ça y est ! La journée de travail vient de se terminer !

Lisez Confucius et Machiavel

SANS OUBLIER SUN TZU ET CLAUSEWITZ

Il faut savoir la placer au bon moment. Quoi ? La citation d'un grand Sage... d'entreprise.

Quand exactement ? Au moment stratégique lors de l'entretien d'embauche, au cours du dîner de séminaire de team building, lors du briefing de l'équipe pour mobiliser ses troupes au combat...

Au hit parade des penseurs d'entreprise : **Confucius, un Chinois, philosophe**, (Ve siècle avant J.-C.), **Clausewitz** (1780-1831), qui comme **Sun Tzu** (544-496 avant J.-C.), a fait de l'art de la guerre, son fonds de commerce et **Machiavel** (1469-1527) qui conseillait le prince Laurent (de Médicis) auquel tous les managers peuvent s'identifier.

Au-delà du paraître, cela ne nuit pas de lire vraiment ces auteurs, véritables penseurs de l'action collective et des relations humaines.

RÈGLE 41

Pensez aux nombreux avantages…

QUE VOUS PROCURE VOTRE ENTREPRISE

Pour survivre en entreprise, il faut éviter la déprime liée au stress, aux objectifs démesurés que l'on vous a fixés au cours de votre entretien annuel, au management brutal de certains petits chefs conjugués au ricanement (sans objet) ou à l'indifférence (appuyée) de certains vos collègues, et surtout, surtout, à la vision décourageante de votre fiche de paye

Mais bon ! Pesez le pour et le contre ! Vous travaillez 39 heures, les congés sont payés (depuis 1936), on vous a installé le dernier PC sur votre bureau et, ce matin, votre boss vous a quand même félicité à propos du dernier dossier que vous lui avez remis.

Et puis surtout… vous avez une mutuelle offerte par l'entreprise qui couvre 400 % du remboursement de la sécurité sociale des frais dentaires. **Mais de quoi vous plaignez-vous ?**

Pensez à un plan de carrière de rechange

MÊME SI CE N'EST PAS FACILE

Aujourd'hui, on ne dépend plus de l'entreprise dans laquelle on travaille. Aujourd'hui les carrières fluctuent, varient, dérivent, rebondissent et personne n'est marié à vie à l'entreprise. On change d'emploi, quand on peut, en fonction des opportunités.

Et puis **pour se sentir bien libre et survivre en entreprise, il faut toujours avoir des alternatives.** Les annonces sur Internet sont là pour ça, les chasseurs de tête aussi, ainsi que votre réseau de relations.

On a entendu parler de votre talent. Il faut toujours se mettre en situation de choisir plutôt que de râler contre la fatalité du destin.

Méditez la fable des tailleurs de pierres

UNE HISTOIRE RICHE D'ENSEIGNEMENTS

Il était une fois trois tailleurs de pierres. Le premier dit : « je taille des pierres ». Le second dit : « je gagne ma vie ». Le troisième dit : « je construis une cathédrale ».

Cette fable évoque bien **les trois types de relation** que nous entretenons avec l'entreprise.

DÉCRYPTAGE

1. Si vous êtes du premier type (je taille des pierres) : votre survie en entreprise est comptée.

Vous allez finir par vous ennuyer et vous morfondre. Vous répétez les mêmes gestes mécaniques et aliénants. Attention à la déprime !

Notre conseil : Changez de job ! Bien sûr, si vous pouvez ! Trouvez en un qui vous ouvre des perspectives et l'horizon ! Pourquoi ne pas envisager avant toute chose un congé sabbatique d'un an suivi d'un bilan de compétences ?

2. Si vous êtes du deuxième type : (je gagne ma vie), vous resterez dans l'entreprise le temps d'en trouver une autre, ou un job mieux payé.

Vous êtes sans doute représentatif d'un grand nombre de salariés un peu instables pour qui travailler signifie d'abord gagner sa vie.

Notre conseil : impliquez-vous un peu ! Rentrez dans les dossiers, le travail ! Ne survolez pas votre job ! Vous verrez, la valeur sûre, c'est un métier que l'on aime, plus encore que l'entreprise...

3. Si vous êtes du troisième type : (je construis une cathédrale) vous faites partie des passionnés.

Vous contribuez par votre implication – mieux encore : votre engagement – au développement de l'entreprise et à sa notoriété.

Notre conseil : vous êtes **un bâtisseur et vous êtes particulièrement adapté à l'action collective**. Attention cependant aux déceptions ! L'entreprise n'est pas un parti, ni une secte ! Gardez toujours l'esprit critique, qui n'est jamais nuisible, même dans l'élaboration des cathédrales !

Participez aux séminaires de « team building » !

ALLEZ EN BOÎTE DE NUIT AVEC VOS COLLÈGUES

Coopérez avec entrain aux séminaires de team building (séminaire de cohésion d'équipe, d'esprit d'entreprise et de motivation) même si vous avez une appréhension pour le canoë-kayak, le quad ou les représentations théâtrales. Vous verrez, on en tire toujours quelque chose.

Dans tous les cas, il s'agit de sortir du cadre de l'entreprise et de montrer à autrui – aux collègues notamment – des aspects inédits de sa personnalité.

C'est ainsi qu'on voit le comptable se transformer en Spiderman dans un ravin et au bout de l'élastique, le chef de service que l'on croyait prudent se transformer en casse-cou du quad, l'informaticien extrêmement convenu d'habitude commettre des pitreries sur scène.

C'est un peu le carnaval, la fête des fous, où l'ordre des choses est bousculé, voire inversé.

On y parle occasionnellement du service ou de l'entreprise, mais le sujet n'est pas là. Il s'agit surtout d'apprendre à vivre ensemble autrement, à partager des émotions qui deviendront des souvenirs, à mieux se sentir et se connaître.

Et puis il y a les soirées (au moins une, le TB durant en général deux jours) où l'on va en boîte, retrouvant ainsi une liberté, en tout bien tout honneur, que la vie ordinaire n'autorise pas toujours.

On y danse avec sa secrétaire, on y voit pour la première fois le Directeur général se déhancher sur une musique techno, et presque toute l'équipe n'a pas envie de dormir.

À RETENIR

Au retour dans l'entreprise, il est clair qu'on se voit autrement et que la motivation et la convivialité au travail s'en trouvent souvent renforcées.

Évitez de brutaliser vos collaborateurs

MANAGEZ-LES

La tentation est certes grande de hurler sur sa collaboratrice ou son collaborateur lorsque celui-ci ou celle-là vous apporte le mauvais dossier ou le dossier non terminé, ou encore le dossier truffé d'erreurs, face à votre hiérarchie impatiente qui l'attend, ou à votre meilleur client agacé qui l'a tant espéré.

Le harcèlement (voir règle p. 46) est un délit puni par la loi et en aucun cas, ne constitue un outil classique, efficace et vérifié de management.

Mais alors que faut-il donc faire dans ce cas ? Il faut M.A.N.A.G.E.R.

QUATRE CONSEILS POUR M.A.N.A.G.E.R.

1. **Fixez des consignes précises** accompagnées de délais rigoureux. On les nomme aussi « dead lines ». N'hésitez pas à faire reformuler les consignes comme

les dead lines. Méfiez du collaborateur qui opine du chef sans comprendre, voire sans avoir écouté.

2. **Vous pouvez éventuellement transmettre vos consignes par écrit** pour les fixer dans les esprits et garder une trace au cas où elles seraient contestées. Anticipez ainsi le classique : « Ce n'est pas ce que vous m'avez demandé… »

3. **Définissez des standards d'exigence** : 0 erreur, 0 faute d'orthographe, 0 retard dans les délais. Faites passer le message que le niveau attendu de performance de collaborateurs doit s'approcher de l'excellence.

4. En cas de défaillances répétées, **n'hésitez pas à recadrer, avertir et sanctionner**, pour éviter que cela recommence. Et puis sachez qu'il n'y a pas d'autorité sans capacité de punir.

Autorisez-vous à...

PLUTÔT QUE DE DEMANDER DES AUTORISATIONS POUR TOUT !

La peur n'évite pas le danger et le pire n'est jamais sûr. Inutile de vous couvrir au moindre risque, et de faire valider la moindre initiative par votre supérieur hiérarchique pour éviter qu'il vous tape sur les doigts.

ALLEZ DE L'AVANT

Faites-vous confiance, ce qui provoquera chez les autres un retour de confiance à votre égard. Prenez des risques ! Certes mesurés, en mettant, par exemple, en copie hiérarchique vos décisions par mail.
Mais de grâce, allez-y ! N'ayez pas peur de votre ombre ! Et ne passez pas votre temps à gérer, en vous cachant derrière la pile de vos dossiers non aboutis et en le ruminant, votre plan de carrière bien stagnant !
I.N.I.T.I.A.T.I.V.E.S. en toutes lettres et en un seul élan ! **Action !** (comme on dit au cinéma !).

Les managers attendent de vous de l'audace. Toujours de l'audace !

À SAVOIR

Qu'est-ce que l'assertivité ?

• C'est la capacité de chacun à s'affirmer quelle que soit la situation. L'entreprise est l'univers (prétendu) de l'efficacité.

• Alors ! Pour être efficace, il faut être dégourdi, voire culotté. Il ne s'agit donc pas d'hésiter, de tergiverser, de douter.

• On vous demande une certaine humilité certes, mais aussi une implication, un sens du challenge (réussi), une énergie.

• Malheur aux timides, aux peureux, aux vaincus ! Et vive les assertifs !

Gérez la pression !

HALTE AU STRESS

Les entreprises performantes (et celles aussi qui le sont moins) produisent de la pression, parfois de la casse humaine. Hélas ! devrait-on dire ! Mais c'est comme cela !

Il faut donc gérer son stress, ne pas tomber dans la déprime, relever les bras, faire face. Et ce n'est pas la partie la plus facile. Et en outre, on se doit de réussir quand même à atteindre, voire à dépasser, les objectifs fixés. Sinon, sinon... Et oui ! on risque d'avoir des ennuis !

Mais qu'est-ce donc que le stress ? C'est le sentiment de ne pas être à la hauteur d'une situation donnée. Inutile de crier avant d'avoir mal, la peur n'évitant pas le danger, les situations de stress sont souvent celles dont on a surévalué le risque.

COMMENT GÉRER SON STRESS ?

Voici trois conseils pour gérer son stress !

1. **Identifiez avec précision les stresseurs** (sources de stress) : le chef, votre organisation, la gestion des

priorités, l'équilibre vie privée-vie professionnelle.

2. Une fois repérés, **les stresseurs doivent être alors mis en question**. Comment ?

- En faisant évoluer la relation avec le chef ;
- en distinguant les choses importantes et en lâchant prise sur le reste ;
- en faisant en sorte que le travail n'empiète pas sur la vie familiale, valeur non négociable.

Bref, en se fixant des objectifs antistress.

3. Pratiquez en outre **la respiration (ventrale), la méditation zen, l'écoute de la musique** (plutôt classique) ou **lisez des ouvrages de philosophie** (par exemple : *Propos sur le bonheur* d'Alain ou *Apprendre à vivre* de Sénèque). S'il vous reste du temps, faites du sport !

À SAVOIR

Le stress peut aussi **stimuler** mais jusqu'à un certain point. Il est producteur d'énergie tant que l'objectif s'avère possible à atteindre.

Traquez vos voleurs de temps !

OPTIMISER LE TEMPS

Repérez-les dans la liste qui suit.

LES VOLEURS DE TEMPS QUI DÉPENDENT DE SOI :

- les réunions que l'on initie mal organisées ;
- la mauvaise préparation des entretiens ;
- le bureau et dossiers en désordre ;
- la multiplication des conflits ;
- l'absence de délais et de planification des tâches et des missions ;
- les hésitations, le perfectionnisme ou la difficulté à la décision,
- l'absence de délégation (si l'on est manager).

LES VOLEURS DE TEMPS QUI DÉPENDENT D'AUTRUI :

- Les retards systématiques des participants et/

ou de l'animateur dans les réunions ;
- les entretiens improvisés et impromptus ;
- les consignes et procédures confuses ou absentes ;
- les ordres et les contrordres ;
- les définitions de fonctions floues ;
- les objectifs mal définis et l'absence de moyens.

Une fois les voleurs de temps identifiés, vous devez alors les combattre.

MIEUX GÉRER SON TEMPS

Il faut sans doute mieux **préparer les réunions** en fixant des objectifs précis.

Vous devez **mettre de l'ordre** dans vos dossiers et dans votre bureau. Il faut apprendre à **négocier**, pour ne pas multiplier les mini-conflits chronophages.

Il faut **fixer une durée aux tâches** que l'on accomplit.

Pour ce qui concerne la décision ou l'initiative, vous devez **ne pas hésiter et trancher**, la tergiversation consommant du temps. Il faut aussi apprendre à **déléguer**.

Pour ce qui ne dépend pas de soi, il s'agit d'influer sur la hiérarchie pour qu'elle infléchisse ses **méthodes de management** qui semblent nuire à l'efficacité collective.

Possédez le kit de l'entreprise

À NÉGOCIER SANS TARDER

Pour survivre en entreprise, il vous faut négocier et obtenir **cinq objets indispensables.**

1. **L'organigramme de l'entreprise** avec le trombinoscope s'il existe (parfois contenu dans le livret d'accueil). À demander tout de suite.

Il faut vous repérer parmi les territoires et les fonctions. Regardez également Wikipédia qui connaît parfois mieux votre entreprise que le DRH.

2. **Des cartes de visite** avec votre nom, votre statut, votre adresse e-mail.

Indispensables pour la création de réseaux (interne et externe). À demander et distribuer sans tarder.

3. **Un ordinateur** avec la dernière version des logiciels de bureautique (Word, Excel, PowerPoint). Vous pouvez négocier un ordinateur portable, pratique pour l'emporter le week-end, mais attention au piège : l'addiction au travail et les heures supplémentaires .

4. Un téléphone portable. Vous pouvez négocier auprès de votre hiérarchie une des deux stars du Smartphone d'entreprise : l'IPhone et/ou le BlackBerry. Ou les deux.

Totalement nécessaire pour les métiers nomades et commerciaux. Le piège est le même que précédemment.

5. Un bureau isolé et pratique. Évitez l'open-space (sauf si vous ne pouvez pas faire autrement bien sûr) qui rend difficile la concentration et la confidentialité.

Soignez le siège visiteur qui sera celui d'un collègue dont vous avez besoin pour vos affaires, d'un client, d'un fournisseur ou de votre chef de service.

Rangez votre bureau le soir avant de partir. Votre image, comme on le sait, en dépend.

Les dix commandements pour survivre en entreprise

À AFFICHER IMPÉRATIVEMENT DANS SON BUREAU

1. Tu respecteras le chef. S'il a été placé à ce poste, c'est qu'il a été jugé compétent par sa hiérarchie. Chacun de nous est le chef de quelqu'un d'autre, ne jamais l'oublier.
D'autre part, le chef a toujours raison. De toutes les façons, il déteste avoir tort. C'est pour cela qu'il est chef. Et quand tu as raison contre lui, ce n'est pas une raison suffisante pour lui donner tort.

2. Sache cependant lui dire non quand tu n'as pas les moyens de ta mission ou pire lorsqu'il frôle le harcèlement et l'abus de pouvoir. Comme à ce collègue qui te refile toujours les corvées qu'il ne veut pas faire.

3. **Sois sociable** : la séduction est un atout majeur dans l'entreprise autant que la compétence, qui, par ailleurs, ne peut pas nuire. Entretiens des réseaux internes d'alliance et de solidarité.

4. **Tu contrôleras la zone d'incertitude** qui te rendra indispensable : un gros dossier-client, le logiciel de mise en page que tu es le seul à maîtriser, une expertise qui fait qu'il est impensable de ne pas faire appel à toi.

5. **Implique-toi**. Le temps passera plus vite. Rien de pire que les journées en entreprise où l'on s'ennuie.

6. **Mets les choses en perspective**. Ton travail est utile (on dirait aujourd'hui qu'il a du sens) ; il n'est pas si mal rétribué (certes on peut faire mieux, mais bon...) ; et, en outre, tu commences à être « reconnu » par tous (ce qui sans doute agira sur la rétribution).

7. **Tu sauras préserver une vie équilibrée**. Tu n'abandonneras pas ta famille pour l'entreprise, tu feras du sport, tu éviteras l'addiction au smartphone.

8. **Tu sauras t'adapter aux mœurs** parfois bizarres et aux rites étranges de la culture d'entreprise. Tu en seras d'ailleurs progressivement un acteur.

9. **Tu sauras transformer les conflits** ou les crises de carrière en opportunités : sois tu demanderas une mutation-promotion, soit tu iras voir ailleurs.

10. N'oublie quand même pas que **tu participes à une « aventure collective »**. Cette expression contribue à définir l'entreprise !

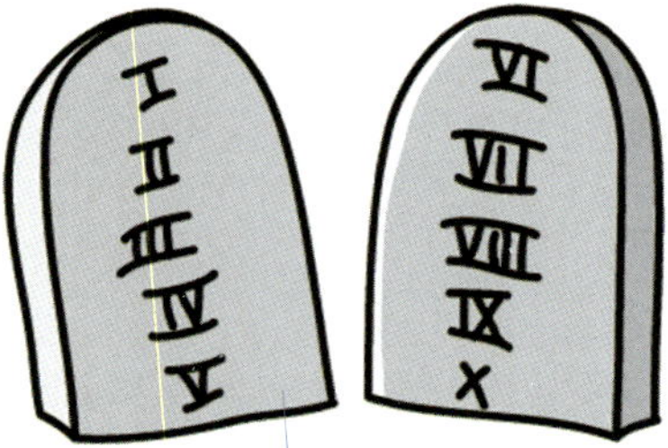

Petit abécédaire de survie en entreprise

APPRÉCIATION

Dans l'entreprise, comme à l'école, on est évalué, noté. Bref, apprécié. Le mot paraît plus doux que « jugé ». Chaque année, lors d'un entretien dit d'appréciation ou d'évaluation, on dresse, avec sa hiérarchie, le bilan de l'année écoulée et on envisage, de concert, l'avenir immédiat.

C'est le moment de vous exprimer et, surtout, si l'on est content de vous, d'évoquer la question de l'évolution de votre carrière. c'est aussi une histoire de pilotage de votre parcours professionnel. Il faut savoir négocier les tournants, et parfois les virages. Au bon moment...

COLLABORATEUR

Le mot fait penser au camp opposé à celui de la Résistance au cours de la Seconde Guerre mondiale. Et pourtant, il y a grand nombre de collaborateurs qui font de la résistance, à la hiérarchie, au mode de gouvernance, à l'organisation du travail.

Ce qui est rassurant dans l'entreprise et parfois, pour soi, un peu perturbant, c'est que chacun est le chef et le collaborateur – mot moins cru que « subordonné » – d'autrui. Le chef de service est le collaborateur du chef de département qui est le collaborateur du P-DG. Même celui-ci est une sorte de collaborateur de l'actionnaire.

Bref, dans l'entreprise, on est sans cesse soumis à cette situation paradoxale : on se doit d'être responsable et autonome tout en étant... obéissant et dépendant à l'égard d'autrui !

COMITÉ D'ENTREPRISE

Obligatoire pour les entreprises de 50 salariés, le comité d'entreprise – qu'il ne faut pas confondre avec le comité de direction – dont les membres sont élus par vous et vos collègues peut vous permettre de faire de bonnes affaires : vous pourrez aller à un concert à un prix modique et choisir le dernier four à micro-ondes livré dans votre bureau.

Vous pouvez aussi faire un beau voyage d'hiver à Serre-Chevalier ou à Cuba, quelle que soit la saison, et à des tarifs fabuleux. En outre, vous ne quitterez pas vos collègues préférés pendant les vacances. Un argument de plus pour vous permettre de survivre en entreprise !

COMPÉTENCE

C'est la première chose que l'on vous demande dans l'entreprise : être compétent, c'est-à-dire adapté au poste qui vous est confié et performant à ce poste.

On confond pourtant allégrement les termes. Clarifions donc : la compétence n'est pas la qualification (le diplôme ou le niveau de formation de la personne), ni l'intelligence ou la culture (on peut être parfaitement intelligent et cultivé et totalement inapte à la fonction), et encore moins la motivation (on peut être super-motivé et ne pas savoir faire !).

HIÉRARCHIE

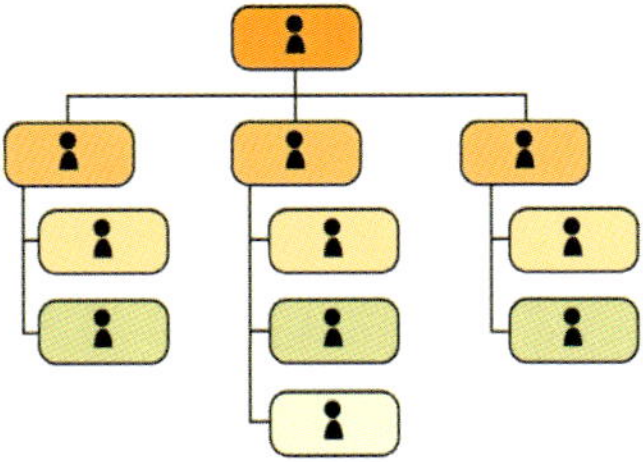

On dit que plus elle est haute, comme les étagères, et moins elle sert.
En tout cas, on n'a pas encore inventé une entreprise sans hiérarchie, comme on ne connaît pas une armée sans officiers, ni une bibliothèque sans étagères. Il y a dans l'étymologie du mot un sens religieux (du grec hieros « sacré », et arkhia « commandement »). Notons cependant que plus le chef est petit – sans grandeur donc – moins on a envie de le suivre.

PROCÉDURE

Le plus difficile pour les acteurs de l'entreprise, c'est de répondre à la question « comment ? ». Comment faire, comment s'organiser, comment communiquer ? Bref, toute procédure, constitue un discours sur la méthode.

Le management des entreprises met alors en place des procédures dans son désir de contrôler l'organisation du travail. Certaines sont extrêmement définies, structurées, et y déroger peut produire un dysfonctionnement et constituer une faute. Et pourtant, souvent, c'est parce qu'on n'applique pas à la lettre les procédures, et parfois même qu'on les transgresse, que l'on parvient à être in fine efficace.

VALEURS

Les conflits portent toujours sur des divergences de valeurs (ici, il ne s'agit pas des valeurs boursières).

On ne définit pas le mot travail de la même façon. Pour les uns, c'est un moyen de gagner sa vie, pour les autres, c'est une vocation, pour d'autres encore, c'est le moyen de faire carrière. Les premiers feront juste le nécessaire, les seconds ne verront pas le temps passer, et les troisièmes afficheront leur présence avec ostentation. Question de valeurs !